AF603151

FÉLIX AUBRY

1813-1890

FÉLIX AUBRY

Un homme est mort récemment à Paris, qui, sans avoir occupé un de ces postes qui fixent l'attention de la multitude, tenait dans notre société une place éminente et avait su, pendant sa longue vie, faire honneur à notre pays des Vosges, son berceau, l'objet de ses prédilections, de ses souvenirs et de ses services[1].

I

M. Félix Aubry vint au monde en 1813, à Mirecourt. Il fut l'aîné des enfants de M. et Mme Aubry-Febvrel; ses premières années s'écoulèrent, soit dans sa ville natale, soit à Saint-Dié, dans la famille de sa mère. De cette époque

1. Article paru dans un journal d'Épinal, *la Croix de Lorraine*, numéro du 25 janvier 1891.

lointaine datait chez lui un amour profond, tout imprégné de poésie, pour cette ville de Saint-Dié, pour ce val de Galilée où le reportaient ses souvenirs d'enfance. C'est là, à un foyer de chaudes affections, qu'il contracta, auprès de parents de sa génération, ces tendres liens qui avaient la force d'un sentiment fraternel et la valeur des amitiés qu'on choisit. S'il mit ainsi en action les puissances de son cœur pour des parents moins rapprochés, que dirons-nous de l'affection profonde, constante, à toute épreuve qu'il porta à ses frères et à ses sœurs? Dans toutes les circonstances de la vie, il pratiqua, et il prêchait autour de lui, l'union de la famille, le dévouement à ses membres; il mit, en toute occasion, son activité qui était extrême, son intelligence qui était grande, son jugement qui était droit, sain et ferme, au service des siens. Félix Aubry fut, sa vie entière, l'homme de la famille. Et nous pouvons dire, en outre (car ce fut une caractéristique de sa vie, de la première enfance à la vieillesse), qu'il fut constamment au service de cette grande famille qu'on appelle les compatriotes. Ils sont innombrables, les Vosgiens que Félix Aubry aida de ses ressources, de ses démarches, de son influence, de ses conseils.

Neuf enfants étaient venus à ses parents, et aux charges qu'entraînait le soin de les élever s'ajoutèrent les épreuves. Les années 1822-1823, 1828, furent fertiles en désastres commerciaux. M. Aubry-Febvrel, qui était banquier, se trouva, pour ainsi dire, ruiné par la mauvaise foi des uns et le malheur des autres. Si la fortune avait disparu dans la tourmente, l'honneur n'avait pas été ébréché. Mais il y avait une famille à élever, un rang à maintenir, et pourquoi ne pas le dire? car l'ambition fut noble et grande, un rang plus élevé à conquérir. Grande et noble ambition, en effet, puisque ce fut au travail seul qu'on demanda l'instrument pour parvenir.

Alors se révéla dans toute sa vigueur l'âme de cette femme d'élite, que fut Mme Aubry-Febvrel. Les Romains l'eussent comparée à Cornélie; les chrétiens virent en elle une de ces femmes fortes dont l'Écriture nous a dépeint le type.

« Qui trouvera une femme forte? Elle est plus précieuse que les trésors... Le cœur de son époux se confie à elle... Tous les jours de sa vie, elle lui fait du bien et jamais de mal. Elle cherche la laine et le lin; elle travaille habilement de ses mains... La nuit, elle se lève et distribue la nourriture à ses servantes et à ses domestiques. Elle considère un champ et l'achète; elle plante une vigne du fruit de son travail. Elle ceint ses reins de force, elle endurcit son bras. Elle a goûté et vu combien son commerce est utile; sa lampe ne s'éteint jamais pendant la nuit. Ses mains s'attachent aux travaux rudes, et ses doigts prennent le fuseau. Elle ouvre sa main à l'indigent, elle l'étend sur le pauvre. Elle ne craint pour sa maison ni le froid ni la neige, car tous ses domestiques ont double vêtement. Elle a tissu une robe pour elle; le lin et la pourpre servent à la vêtir... Elle fait des habits qu'elle vend, des ceintures qu'elle livre aux Chananéens. La force et la beauté sont ses ornements... Elle ne mange pas son pain dans l'oisiveté... Ses enfants... l'ont appelée bienheureuse... »

Telle fut la mère; son fils lui ressemblera.

Ce serait connaître incomplètement M. Félix Aubry, si on ne rappelait pas quels avaient été ses parents, et en particulier Mme Aubry-Febvrel. Jamais empreinte maternelle ne fut plus marquée. Ce n'étaient pas seulement les traits physiques (bien qu'il tînt beaucoup de sa mère), c'étaient les similitudes morales. Les préceptes et la vigilance de la mère façonnèrent d'une façon indéformable les jeunes intelligences, les jeunes cœurs de ses enfants. C'est à elle surtout qu'ils durent l'élévation des pensées, le courage moral, le goût du travail, la confiance en la Providence, la reconnaissance de ses dons. Cette femme remarquable voyait partout le doigt de Dieu : elle avait foi dans la sanction ultra-terrestre des actions humaines, mais elle se plaisait à faire remarquer à ses enfants l'accord si fréquent qu'il y a, dans ce monde, entre la conduite et les résultats. Un mot d'elle, que son fils aîné aimait à citer, est bien touchant : « C'est heureux qu'on ne vive pas deux fois : car, la seconde, on ferait par intérêt ce que, la première, on a fait par devoir. »

On ne s'étonnera pas que cette femme, d'une nature si élevée, ait pris l'adversité corps à corps. Laissant de côté les satisfactions mondaines, que la distinction de son esprit, sa beauté, sa grâce naturelle, sa jeunesse, auraient pu lui procurer, elle confina toute son activité dans le sein de sa famille et dans le cercle des affaires qu'elle allait entreprendre. Fille du président du tribunal de Saint-Dié, elle avait été peu initiée jusque-là aux affaires de commerce. Elle résolut néanmoins de s'y adonner, et elle fit comme elle avait résolu.

La ville de Mirecourt était, comme elle est encore aujourd'hui, le siège de la fabrication de dentelles; en outre, ses habitants étaient généralement doués de dispositions spéciales pour le commerce. Ils ne redoutaient ni les voyages lointains ni les fatigues. Plus tard, les enfants de M. et Mme Aubry-Febvrel, sous l'impulsion de leurs parents, devaient donner un développement considérable et à la fabrication indigène, et au commerce de dentelles, tulles et broderies dont Mirecourt restait, pour ainsi dire, le port d'attache. La famille Aubry, depuis deux générations, consacrait son activité à l'industrie de la dentelle. Le père de Félix, après avoir fait, comme les hommes de son âge, les campagnes de la République, et avoir donné sa démission d'officier, était rentré au foyer domestique. Il avait peu à peu abandonné, sans le délaisser jamais entièrement, le commerce de dentelles, pour devenir banquier. Lui aussi sut transmettre à son fils les plus nobles qualités et, avant tout, l'exemple de sa vie. Il avait, en commun avec son épouse, ces vertus de loyauté, de probité, de bon sens qui, en toute profession, font des hommes distingués et préparent une descendance morale et forte, mais qui semblent plus nécessaires encore dans la profession commerciale. Il possédait, en outre, un caractère gai, bienveillant, un fonds de bonne humeur qui est une ressource incomparable dans la vie et une joie pour tous ceux qui entourent. Félix Aubry lui ressemblera.

En cette année de 1828, Félix Aubry avait quinze ans. Il montrait du goût pour les études, et principalement pour les mathématiques. On l'arracha à ses études; il dut, tout jeune, aider du concours personnel de son travail à la réussite commune. Et vraiment, quand on a connu cet homme supérieur, on éprouve un sentiment de stupéfaction à voir comment, après avoir délaissé de si bonne heure les études classiques, il était arrivé à un si haut degré de culture intellectuelle.

On a souvent raconté du général Drouot que, fils d'un boulanger de Nancy, il apprenait les mathématiques à la lueur du four paternel. Ce sont là des anecdotes qui se gravent dans la mémoire, parce qu'elles ont pour héros des personnages historiques. Mais d'autres hommes, dont la vie ne fut pas placée au même plan, ont fait quelque chose de semblable; et nous aimons à saluer en Félix Aubry un de ces travailleurs infatigables et persévérants, en qui le labeur du corps ne faisait pas tort à celui de l'esprit.

C'est à lui, pour la plus grande part, que la maison Aubry-Febvrel dut sa prospérité, à lui, à ses efforts incessants, et aussi à son exemple. Car à sa suite, et en quelque sorte sous sa direction, ses frères, plus jeunes, marchèrent dans la même voie, et c'est ainsi que, tous, ils apprirent le commerce, non pas à la façon des fils de négociants d'aujourd'hui, qu'on forme dans des écoles spéciales, mais par l'apprentissage de tous les jours et sous les regards de leurs parents. Félix Aubry aimait à attribuer les connaissances, qui firent de lui un commerçant d'une expérience peu commune, à ce double fait, que sa mère dirigeait les affaires de dentelles, pendant que son père était banquier. De l'une, il apprenait le commerce proprement dit; de l'autre, il tenait les connaissances de la banque, « cette synthèse du commerce » qui, toutes nécessaires qu'elles soient aux négociants d'un certain rang, leur font défaut si souvent.

De ses vingt ans date l'intérêt qu'il prenait aux questions du commerce général. L'*Écho des Vosges*, feuille mensuelle fort bien rédigée, a publié de nombreux articles de lui sur l'industrie vosgienne. De cette époque datent aussi ses rapports avec la Société d'émulation des Vosges, dont il aimait à se proclamer un des membres les plus anciens.

Les années venaient : la santé de la mère s'altérait. Elle avait porté un fardeau supérieur aux forces humaines. Elle voyait que son fils aîné serait l'exemple de ses frères et sœurs. Elle pouvait prononcer son *Nunc dimittis :* Dieu la rappela à lui. Félix Aubry avait vingt-sept ans.

Ce que fut cette épreuve, on peut le supposer en connaissant le culte qu'il avait voué à cette mère incomparable. C'est à ce moment que remonte son établissement à Paris. Il apportait dans la grande ville son activité sans mesure, les légitimes ambitions que ses succès antérieurs lui permettaient de concevoir. L'industrie et le commerce de la dentelle étaient une tradition de famille. Il la poursuivit sur un autre théâtre. Laissant ses frères continuer la maison paternelle, il s'associa à une honorable maison de commerce de Paris.

II

Du jour au lendemain, ses qualités natives et héréditaires de loyauté et d'activité firent au nouveau venu une place hors ligne parmi les commerçants de Paris. Dès son arrivée, il fut appelé à faire partie de commissions dans des enquêtes économiques faites par la Chambre de commerce de Paris, et par le ministère du commerce. Dès 1842, sur la désignation du Tribunal et de la Chambre de commerce, il fut placé sur la liste des Notables : c'était alors un honneur recherché, car la liste ne comprenait que six à sept cents noms.

En 1848, il fut nommé membre de la Commission permanente des valeurs de douane : cette Commission est chargée de fixer la valeur de toutes les marchandises qui entrent en France ou qui en sortent. Jusqu'à l'époque où l'âge déjà pesant lui fit abandonner peu à peu ses différentes fonctions, il eut à honneur de travailler dans cette Commission, où il était président d'une section de dix-huit membres.

C'est à peu près à la même époque que commença pour Félix Aubry une période d'activité singulière, où son travail fut donné sans relâche à l'intérêt général, en particulier à l'intérêt commercial et économique du pays.

En 1849, une Exposition nationale se tint à Paris. Félix Aubry fut désigné comme membre du jury. M. Buffet était alors ministre du commerce et en mesure d'apprécier sa valeur. Félix Aubry a conservé toute sa vie à son illustre compatriote une gratitude très vive de cette nomination, qui fut le point de départ d'efforts sans relâche, mais aussi d'honneurs et de considération.

La nomination n'avait pas été provoquée. Elle avait été inattendue, mais elle fut amplement justifiée par le travail de celui qui en était l'objet. Ses rapports, la place qu'il se fit, furent si remarqués qu'il fut peu après choisi comme membre de la Commission chargée de désigner les exposants, et d'organiser la section française à l'Exposition universelle internationale, que le prince Albert préparait à Londres pour 1851.

Félix Aubry aimait à considérer cette Exposition de Londres, en 1851 (qui était la première universelle), comme le plus grand fait économique du siècle; il conservait une vénération particulière à la mémoire du prince consort Albert, qui avait été l'initiateur, le promoteur, l'organisateur, en un mot l'âme de cette grande entreprise internationale.

Cette entreprise venait à son temps; à l'heure où les barrières des peuples tombent, où les frontières sont en quelque sorte effacées par la rapidité des voyages, où les intérêts humains servent d'instrument à l'action providentielle pour rapprocher les peuples séparés. Cette exposition en précéda beaucoup d'autres qui l'emportèrent en importance matérielle, en splendeurs artistiques, en décors, en affluence de visiteurs; mais elle fut quelque peu ce qu'un petit livre, échappé à la plume d'un penseur, est à l'in-folio d'un compilateur. On ne fit pas appel à la masse des produits, on fit appel à l'élite.

Tout jeune qu'il était alors, et quelque importants que fussent alors les personnages choisis pour faire partie du jury international, Félix Aubry en fut nommé membre pour la France, et désigné comme rapporteur d'une classe.

Les rapporteurs des classes firent paraître plus tard, chacun pour la part qui le concernait, des rapports que publia l'Imprimerie impériale; mais la paresse de plusieurs, la mort de quelques-uns, d'autres causes encore ne permirent pas à cette publication d'être jamais achevée. Telle quelle pourtant, elle renferme un nombre de notices considérable, qui sont comme les archives du commerce en 1851. L'un des travaux les plus remarqués fut le rapport sur « les dentelles, blondes, tulles et broderies », par M. Félix Aubry, membre du jury central de France (XIXe jury).

Cet ouvrage est le premier qui ait donné une notice complète sur l'industrie de la dentelle; il a réuni et contrôlé ce qui était épars dans les ouvrages des auteurs précédents; il fut le fruit de l'expérience personnelle du rapporteur, il a servi de base à maints écrits réunis depuis cette date, il reste comme l'exposé complet, intéressant et documentaire de cette industrie, depuis son origine jusqu'en 1851.

Plus tard, M. Aubry apporta aux Expositions de 1855 (Paris), de 1862 (Londres), de 1867 (Paris), de 1873 (Vienne), de 1878 (Paris), dans leur préparation comme dans leur jugement, le même zèle, le même travail : un coup d'œil sûr, un esprit complet de justice. En 1889, il se débattait contre la mort; il voulut néanmoins aller jeter les yeux sur ce champ de bataille pacifique, où il avait été si souvent à la peine et à l'honneur. On put voir un jour, dans les galeries du Champ de Mars, ce vieillard traîné dans une voiture à bras, se faisant arrêter auprès des objets de l'industrie dentellière, où le goût du fabricant et la bonne exécution se faisaient le mieux remarquer. Les exposants de la section et les membres du jury se pressèrent en foule autour de lui, dans un mouvement spontané de vénération, et en quelque sorte comme des disciples autour du vieux maître.

Après l'Exposition de 1851, le gouvernement français lui avait décerné la croix de chevalier de la Légion d'honneur. Après 1862, proposé pour la croix d'officier, il l'avait déclinée pour ne pas empêcher le ruban de chevalier d'échoir à un frère bien-aimé. Plus tard, en 1867, l'illustre M. Le Play avait insisté pour qu'il fût l'objet d'une promotion. Mais la politique, l'âpre et haineuse politique, était intervenue pour nuire à cet homme de bien et de travail. On sait les rancunes basses dont furent poursuivis sous l'Empire les candidats de l'opposition. Un frère de Félix Aubry avait été candidat opposé à la politique impériale en 1863. Avec l'esprit de famille que nous lui connaissons, avec l'amour ardent pour les siens, Félix Aubry n'avait pu rester indifférent à la lutte. Il s'y était jeté tout entier, apportant là, comme ailleurs, son activité et son influence. Plus la candidature avait approché du but, plus la politique gouvernementale fut rancunière. Mais il arrive toujours un moment où la justice force les portes. Félix Aubry, qui avait été, quinze ans plus tôt, juge au Tribunal de commerce de la Seine, était devenu, en 1867, membre de la Chambre de commerce de Paris, et ces nouvelles fonctions lui créant de nouveaux titres, il reçut en 1870, d'une façon inattendue, la rosette d'officier. Il tenait notre ordre national en si grande estime, que les autres décorations qu'il avait reçues, celle du Christ de Portugal, celle de Léopold de Belgique, et même la croix, de si haute valeur qu'elle emporte noblesse pour les indigènes, la croix de la couronne de fer d'Autriche-Hongrie, passaient à l'arrière-plan dans son esprit.

Ces récompenses étaient cent fois méritées : Félix Aubry avait parcouru sans relâche toutes les étapes des fonctions honorifiques, gratuites, mais fatigantes pour les plus forts, où le commerçant peut atteindre dans sa vie professionnelle.

Et il les avait remplies sans plier sous le faix. Mais il est encore une occupation plus absorbante que bien d'autres, dont il ne reste qu'une trace souvent fugitive, et dont il nous faut parler néanmoins, pour ne pas défigurer un portrait auquel manquerait ce trait essentiel. C'est celle de l'homme bienveillant et influent auprès de qui se pressent les solliciteurs et qui sait leur consacrer son temps. A une grande expérience, Félix Aubry joignait l'aménité du caractère, un abord facile, l'amour d'être utile. Aussi en usait-on autour de lui. Nul n'a rendu plus de services, ni donné de meilleurs conseils. S'il n'accédait pas à une demande, il ignorait les subtilités du langage qui égarent un interlocuteur : quand il promettait, la chose pouvait être considérée comme faite. A combien n'a-t-il pas été utile? et entre autres à nos compatriotes. Le Vosgien a la légitime fierté du travailleur; il est rare qu'il demande autre chose qu'un instrument pour gagner sa vie, et Dieu sait si, dans l'isolement de la grande ville, il n'est pas plus difficile de procurer souvent du travail que du pain. Que de Vosgiens reçurent de lui bon accueil! Ils étaient inconnus de lui la veille, et leur seule qualité d'enfants du même sol leur ouvrait toutes grandes les portes de sa maison. Ses mains ont pansé bien des plaies secrètes, son autorité a raffermi bien des courages ébranlés. Si ceux qui réclamaient son concours faisaient montre d'énergie, de valeur morale, il les protégeait, les poussait en avant. Beaucoup lui doivent la tranquillité de leur vie et plusieurs la fortune.

Aider, assister, n'est-ce pas l'œuvre utile par excellence? Dans une ville comme Paris, l'assistance morale est une nécessité sur laquelle on ferme parfois les yeux, mais qui est plus impérieuse que l'assistance matérielle (au surplus, la première va rarement sans la seconde). Tous ceux que leur position met à même de donner cette assistance morale rencontrent là un devoir de charité, et ce devoir est plus étroit lorsqu'il découle de rapports professionnels. Le mot patron se rattache, par une étymologie naturelle, à l'idée de paternité; et le patronage est comme une fonction familiale d'un caractère plus large. Il semble y avoir aujourd'hui intelligence plus complète de ces obligations, et l'opinion s'y intéresse non sans ardeur. Mais en 1861, qui donc s'en occupait? Nous allons voir naître pourtant, en cette année, une œuvre faisant du patronage pratique et utile, et qui, importante par elle-même, sera peut-être précurseur et modèle.

Nous avons admiré le dévouement de Félix Aubry à ses compatriotes, cette famille. Pour la famille commerciale, nous le retrouverons également dévoué. Elle compte des membres que leur faiblesse condamne en quelque sorte à une situation modeste, et que leur isolement met en danger. On estimait alors que vingt mille jeunes filles étaient employées dans le commerce parisien. Elles sont venues à Paris, attirées par un salaire plus élevé, ou elles y ont été amenées, quelquefois jetées par les circonstances. Mais le foyer domestique est loin : la famille est absente avec ses joies douces, avec l'affection pour appui et pour consolation. Ces jeunes filles sont isolées dans la capitale. Souvent, pas de mère, pas de sœur, peut-être pas d'amie ni de compagne. Quand elles sont occupées, le travail leur est une force; mais quelque bienveillance qu'elles rencontrent chez leurs patrons, il est des heures de solitude où l'ennui les domine, où les tentations de leur âge et les séductions de Paris les guettent pour les perdre; qui donc les protégera?

Une grande idée se rencontra chez une femme de cœur, jeune fille récemment encore employée de commerce, et qui avait pris, peu de temps auparavant, l'habit de religieuse. Cette idée fut adoptée d'enthousiasme par un prêtre dévoré de zèle, l'abbé Duquesnay, mort archevêque de Cambrai et, à cette époque, curé de la populeuse paroisse de Saint-Laurent. Offrir aux demoiselles employées dans le commerce un lieu de réunion où elles pourraient, le dimanche, se distraire chrétiennement; leur procurer un asile où elles trouveraient, sans payer, dans la maladie, des soins dévoués; dans les périodes de chômage, une demeure gratuite et la nourriture à peu de frais; leur assurer enfin une pension dans les jours de vieillesse, tels furent, entre autres, les objets qu'ils se proposèrent. Une société de secours mutuels, l'Association des demoiselles employées dans le commerce, fut fondée; autorisée à l'origine, elle fut depuis, privilège peu commun, reconnue d'utilité publique. Elle continue à prospérer, et les jurés de la section d'économie sociale à l'Exposition de 1889 lui ont décerné la médaille d'or.

Réunir les demoiselles, c'était beaucoup, mais ce n'était pas tout. Un concours était nécessaire, celui des patrons : concours de personnes et concours d'argent. C'était fortifier par la charité le lien de patronage, et permettre aux chefs de maison de pratiquer cette assistance morale, soutien des faibles, mais devoir des forts, et devoir apportant souvent sa récompense avec lui. Il y avait dans cette idée quelque chose de chevaleresque, fait pour tenter le grand cœur de Félix Aubry. Il y avait, dans la réalisation, des difficultés dont le triomphe était un noble but offert à son esprit d'initiative, à son caractère entreprenant et résolu.

Félix Aubry avait été associé à ce grand projet, avant même qu'il eût pris corps, par la créatrice de l'œuvre, qui avait été employée dans sa maison de commerce; il ne cessa de seconder de toute son ardeur les efforts du prêtre et de la religieuse. Ses relations et son influence dans le monde des affaires lui permirent de fournir la coopération la plus efficace. Sous le titre de secrétaire général, il fut un collaborateur indispensable; et quand, en 1887, le ministère de l'intérieur décerna pour la seconde fois la médaille d'or des sociétés de secours mutuels à Mme Eugénie Roche (sœur Saint-Augustin), Félix Aubry reçut la médaille d'argent par la même décision.

Ainsi faisait-il profiter le bien public de l'influence considérable qu'il avait acquise, et son autorité grandissait chaque jour. Les honneurs étaient venus; il avait réussi, jeune encore, dans sa carrière. Plus tard, quand, sous l'Empire, le commerce, l'industrie, la finance se développèrent, il avait participé à ce grand mouvement de l'activité humaine. L'économie politique avait été une de ses études favorites : dès l'âge de vingt-deux ans, il publiait des études sur les systèmes de douane, combattant la prohibition, cette entrave et cette vieillerie; son expérience, son activité avaient aiguisé son jugement, donné la sûreté à son coup d'œil et à ses appréciations. Il fut appelé à l'administration ou à la surveillance de plusieurs sociétés, et, pour rappeler en passant la part qu'il prit à la finance, disons qu'en 1859, il fut, dès l'origine, administrateur-secrétaire du *Crédit industriel et commercial.* Il avait l'esprit d'entreprise qui, chez lui, n'excluait pas la prudence. Son commerce d'origine avait pour objet une consommation restreinte, et ne se prêtait pas aux grands développements. Il ne craignit pas d'aider de ses efforts et de ses ressources à l'extension du commerce français, en favorisant la création et les progrès d'importantes maisons d'exportation et d'importation, et ses efforts ne furent pas déçus.

On peut donc dire que, du jour où la force des événements l'avait jeté dans l'engrenage de la vie, tout lui avait réussi. Il n'est pas, hélas! de vie parfaitement heureuse; il en est peu qui échappent à la souffrance et à la douleur. Depuis 1868, Félix Aubry en fit, après tant d'autres, l'expérience.

III

Peu de temps après son établissement à Paris, en 1843, il avait épousé une jeune fille, originaire, comme lui, de province, et dans des conditions analogues de rang social et de fortune. Mme Félix Aubry fut de celles dont il est dit : « C'est un bon partage qu'une femme de bien, comme partage de ceux qui craignent Dieu : elle sera donnée à un homme pour ses bonnes actions. » Une union inaltérable, une parfaite communauté de goût, de sentiments et d'intelligence, un dévouement de tous les instants de l'un à l'autre époux, leur avaient apporté le bonheur le plus enviable qu'on peut trouver sur cette terre. Hélas! ils ne purent célébrer leurs noces d'argent : une longue et douloureuse maladie, ne laissant d'autre perspective que la mort, fut le prélude de la séparation.

Ce que fut la douleur de survivre à une pareille épouse, nul ne le saura qui n'a connu Félix Aubry, avec cet amour fait d'estime profonde et de tendresse pour la meilleure des femmes. Ce coup terrible, suspendu pendant de longs mois et plus terrible encore lorsqu'il frappa, ne devait pas être le seul. La blessure n'était pas cicatrisée quand la guerre éclata. Le fils aîné de Félix Aubry, Georges, sortait alors de l'École polytechnique. Il partit pour Metz, où il entrait le 14 août, pendant la bataille de Borny.

Durant le siège de la ville, il faisait à l'École d'application des études qui durent être singulièrement pratiques. Lors de la capitulation, les élèves furent laissés libres pendant vingt-quatre heures. Georges en profita pour traverser la Belgique et venir se mettre aux ordres de la Défense nationale. Il prit part à la guerre sur la Loire, présent en sept jours à cinq batailles : au combat de Vendôme, le 15 décembre, les munitions de la batterie qu'il commandait, quoique simple sous-lieutenant, touchaient à leur fin : à ce moment, il fut blessé par un éclat d'obus. Abandonné dans une caserne de la ville où les Prussiens avaient pénétré, laissé là, seul et oublié, il avait perdu tout son sang; la plaie s'était envenimée; l'amputation fut nécessaire. Cruauté inutile, la mort le prit en pleine jeunesse.

Oh ! ce que fut cette douleur d'un père ! Apprenant son fils blessé, accourant près de lui, ne trouvant plus que sa tombe, se voyant privé de son premier-né, de celui qui promettait de tenir haut et ferme le drapeau de l'honneur, et qui était subitement et violemment arraché à la vie, comme tombe un fruit à peine sorti de la fleur sous la rage du vent !

Il se réfugia alors, avec plus d'ardeur que jamais, dans le travail, y cherchant l'emploi utile de son temps et de ses facultés, et une distraction à ses chagrins poignants. Il semblait que l'âge ne faisait qu'ajouter à ses hautes qualités. Il ne connaissait pas le déclin des facultés. Son esprit, continuellement en éveil, avait acquis une expérience souveraine : il l'apportait en toutes choses, mais surtout dans le domaine des affaires, même de celles qui auraient pu paraître étrangères à sa compétence. Les questions industrielles et minières notamment l'intéressèrent et lui devinrent promptement familières. En même temps, il consacra encore ses jours et ses veilles à la chose publique, sous une forme différente de celle sous laquelle il lui avait déjà donné ses soins.

Propriétaire à Meudon, il fut nommé par ses concitoyens conseiller municipal, et lorsqu'en 1871 un élan général du pays se porta partout vers les hommes sûrs et dévoués, le choix de ses collègues le désigna pour maire de cette commune importante. Son esprit trouva de nouvelles connaissances à acquérir dans ses fonctions, et son dévouement y fut grand. Dans cette localité ruinée par la guerre étrangère, l'occupation et la guerre civile, il restaura les finances, donna ses soins à l'instruction, apaisa les ressentiments de diverses parties de la commune excitées les unes contre les autres. Mais, du jour où il ne fut plus indispensable, il rencontra des ennemis acharnés, tournant à mal tout ce qu'il faisait ou voulait faire. Félix Aubry avait toujours honoré la religion chrétienne, qui l'avait marqué d'une si forte empreinte dès son enfance : mais il fut le premier surpris que certaines mesures de son administration le fissent qualifier (le mot commençait à être à la mode) de clérical. « Quel plaisir c'eût été pour ma mère, disait-il, de m'entendre traiter ainsi ! » Et il ajoutait en même temps, non pour s'en défendre, mais par modestie, qu'il ne croyait pas mériter ce qualificatif.

Son administration comme maire de Meudon avait duré près de trois ans. Il se retira lorsque le bien lui fut rendu impossible dans ce poste ; mais il conserva toujours à cette commune un dévouement inaltérable ; et les querelles jalouses devenues sans prétexte, les préventions bien vite tombées, il demeura l'objet du respect et du souvenir reconnaissant de ses anciens administrés.

Le surcroît de travail qu'il avait trouvé dans ces fonctions avait été une distraction précieuse à sa douleur paternelle. On aurait pu croire qu'après la mort d'une femme tendrement aimée et de son héroïque fils, l'ère des épreuves était fermée. Il n'en était rien.

Quelques années plus tard, en effet, un coup nouveau et cruel l'attendait. Il perdit une fille bien-aimée. Là encore, il semble que la mort prenait, pour enlever la fille, l'aspect héroïque qu'elle avait lorsqu'elle enleva le fils ; ce fut, cette fois, une mère de famille qui mourut, en donnant le jour à un troisième enfant : la maternité donne bien souvent, hélas! aux femmes, ce que la bataille donne aux hommes : la mort au champ d'honneur.

De ce jour, Félix Aubry sentit son ancienne vigueur s'altérer; toujours son corps avait été un bon et loyal serviteur, et pourtant, il ne l'avait pas ménagé au travail, car les plus belles qualités personnelles ont le plus souvent besoin, pour réussir, d'un concours que seule la santé peut donner, et Félix Aubry l'avait toujours eue. Une fois pourtant, il s'était senti atteint assez gravement : c'était après la mort de sa femme, et quand il alla consulter le médecin, celui-ci lui dit avant d'aller plus loin : « Vous avez dû éprouver une grande douleur; votre maladie est de celles que les angoisses morales et les afflictions développent. » Sa forte constitution avait triomphé cette fois : mais l'âge venu, elle commençait à faiblir sous la pression de deuils nouveaux. Dieu lui réservait quelques années de plus, car il avait encore à être utile, sa mission n'était pas terminée.

En tout temps, l'hypocrisie lui avait causé une horreur profonde; mais, quand il la vit quasi triomphante et s'attaquer aux fondements mêmes de la société, à l'éducation de l'enfance, son grand cœur s'indigna. Et comme, chez lui, le passage était rapide de la pensée à la volonté de faire, de la vue du mal à la mise en œuvre du remède, il donna son temps, sa vieille expérience, son influence considérable et son argent, pour aider à cette œuvre de charité, œuvre aujourd'hui nationale, mais qui n'était, semble-t-il, au début, que parisienne : celle des Écoles libres. Il avait en dégoût les trois termes sacramentels à la mode : la gratuité, l'obligation, la laïcité; et de ces trois, celui qui semblait l'offusquer davantage, c'était la gratuité. Il ne comprenait pas que l'État déchargeât les parents du soin de pourvoir à l'instruction de leurs enfants. Un fait de sa vie administrative lui revenait souvent à l'esprit. A cette époque (1871 ou 1872), la gratuité existait déjà, mais pour ceux-là seuls qui en avaient besoin. Or, un jour, le maire de Meudon, — c'était lui, — avait inscrit ou laissé inscrire, sur la liste de ceux qui n'auraient pas à payer la rétribution scolaire, un très modeste employé de chemin de fer. Cet homme, un vrai père de famille, s'indigna et écrivit au maire, pour se plaindre de l'injure qui lui était faite.

L'obligation, Félix Aubry la redoutait. De même il avait toujours été l'ennemi de l'ingérence de l'État. Il voyait en lui, en maintes choses, un véritable usurpateur des droits de la famille et de l'individu; aussi, l'école de M. Le Play l'a-t-elle compté comme un chaud adhérent à la doctrine de la liberté testamentaire. Ce n'est pas qu'il comptât en user pour lui-même, car jamais père n'a plus aimé ses enfants d'un amour égal; mais il voyait dans la dévolution légale de l'héritage d'un père de famille, dans ce droit donné à l'enfant, comme un outrage à la majesté et à la liberté paternelles, comme un encouragement à la mauvaise conduite des descendants.

Mais si, logique avec lui-même, il redoutait l'intervention policière et pécuniaire de l'État, il s'indignait, en outre, de l'exclusion de l'élément religieux dans l'enseignement. Il avait, en tout temps, considéré la religion comme la base de l'instruction et de l'éducation, et avait mis la pratique d'accord avec la théorie dans l'exercice de son action paternelle. L'habit religieux ne lui avait jamais fait peur, et il aimait à rappeler qu'il avait étudié sur les bancs d'une école de Frères.

Ce qu'il fit pour l'âme des petits, Dieu ne l'oubliera pas.

Cette lutte pour la création et l'existence des écoles libres, des écoles chrétiennes, fut la passion de sa vieillesse. Il s'y donna tout entier, et avec l'ardeur qu'il mettait en toutes choses.

Mais l'âge venait; sa santé s'altéra en peu de temps, et si gravement, que le dénouement fatal semblait prochain. Ce fut alors que cette âme, naturellement chrétienne, qui avait toujours cru et espéré en Dieu, recouvra, dans toute sa plénitude, la foi de son enfance, et aux devoirs naturels qu'elle avait toujours accomplis ajouta les devoirs que le christianisme prescrit. Ses forces déclinaient, mais son intelligence n'avait jamais été plus grande, et sa volonté plus énergique. Il se traîna à sa paroisse, pour y recevoir son Dieu. Quelques semaines après, l'onction des malades lui était donnée ; sa sérénité n'en fut pas abattue ; son courage, au contraire, se releva. En tout temps il avait manifesté de la mort une crainte bien naturelle, mais qui pouvait sembler excessive; du jour où il se trouva en face d'elle, ainsi préparé, le calme parut prendre sur son âme un grand empire : la mort lui offrait encore un fonds inépuisable de tristesse (c'était la séparation d'avec ceux qu'il aimait), mais elle ne présentait plus ces épouvantements qui le hantaient jadis. Et ce spectacle terrible d'une fin prochaine, il l'eut trois ans encore devant les yeux : conservant, jusqu'à l'entier épuisement de son corps, cette hauteur de vues, cette liberté et cette bonté de jugement, et en même temps ces qualités aimables de caractère, cette grâce de l'esprit, cette chaleur du cœur, qui lui firent tant d'amis de son vivant, mais qui ajoutent, pour ceux qui le pleurent, comme un surcroît d'affliction à la douleur de se sentir séparés.

C'est un citoyen utile, disons le mot, c'est un grand citoyen de moins. Par ce temps de mollesse, de plaisir et d'hypocrisie, il est consolant de reporter les yeux sur cette vie, qui fut toute d'énergie, de travail et de droiture.

A. A.

DISCOURS

PRONONCÉ LE 5 DÉCEMBRE 1890, AUX OBSÈQUES DE M. AUBRY

PAR M. ERNEST LEFÉBURE

négociant
officier de la Légion d'honneur

MESSIEURS,

PERMETTEZ à un des plus anciens amis de Félix Aubry de vous arrêter quelques instants au bord de cette tombe avant qu'elle se referme sur l'homme excellent que nous pleurons tous.

Je suis chargé d'ailleurs de lui adresser un dernier remerciement au nom de quelques-uns de ceux à qui il a fait du bien : mais ils sont innombrables, les pauvres que son inépuisable charité a secourus ! N'en rien dire à pareil moment m'aurait semblé de l'ingratitude.

Peu d'existences ont été mieux remplies que la sienne. Parti jeune encore de Mirecourt, dans une situation modeste, il sut, par son travail et son intelligence, arriver successivement, comme ses frères du reste, aux rangs les plus élevés du monde commercial et financier de notre pays.

Dans les affaires, il se distinguait surtout par une sûreté de coup d'œil et une activité sans égales. Aucun obstacle ne l'arrêtait : sa santé de fer le rendait infatigable ; écrire ou voyager la nuit ne lui coûtait rien. Partout où il a passé, aussi bien dans les affaires qu'au Tribunal et à la Chambre de commerce, il a laissé la réputation d'un travailleur plein d'activité et dont les Rapports faisaient autorité.

Pour moi qui l'ai surtout vu à l'œuvre dans les Jurys des Expositions, je puis signaler particulièrement le très remarquable Rapport qu'il a publié lors de la première Exposition universelle en 1851. Pendant plusieurs mois, il a parcouru toute l'Europe pour en réunir les éléments et étudier sur place les industries qu'il représentait. Ce Rapport a été si bien fait que, depuis quarante ans, tous ceux qui ont eu à s'occuper des mêmes questions ont dû y puiser des renseignements et rendre ainsi justice à l'étendue de ses recherches et à la sûreté de ses informations.

Tous ces travaux avaient conquis à Félix Aubry la fortune et les honneurs : il pouvait passer pour un homme heureux. Et cependant les épreuves ne lui ont pas manqué.

Presque au milieu de sa carrière, il perdit une compagne excellente, épouse digne de lui, enlevée trop tôt à son affection et à celle de ses enfants.

Pendant la guerre de 1870, guerre si sanglante, il vit tomber au champ d'honneur un de ses fils, officier d'artillerie plein d'avenir, qui mourut en brave et avec la résignation d'un saint.

Enfin, il y a peu d'années, une de ses filles, mère de

famille exemplaire, était brusquement emportée en quelques jours, laissant son père et son mari tout en larmes.

Ces coups douloureux avaient profondément frappé le cœur de Félix Aubry. Mais au lieu de murmurer, comme tant d'autres, contre la Providence, il cherchait sa consolation en se tournant vers de plus malheureux que lui, et ses aumônes augmentaient pour les œuvres auxquelles il s'intéressait et pour les déshérités de la fortune qui venaient le solliciter. Et ils sont innombrables, comme je le disais en commençant, ceux qui ont reçu les dons de sa charité. Nul n'en pourrait dresser la liste. Mais, grâce à Dieu, il y a par-delà cette vie un livre où tout s'inscrit, où à côté de l'obole de la veuve sont marquées les aumônes de ceux qui savent faire un noble et généreux usage de leur fortune. C'est là, j'en ai la confiance, que Félix Aubry trouvera la récompense qu'il a méritée !

Pour nous, parents et amis, nous n'avons plus qu'à suivre ses exemples et à garder de son grand cœur un impérissable souvenir.

Au banquet de l'Association vosgienne de Paris, le mercredi 14 janvier 1891, M. Méline, ancien président de la Chambre des députés, ancien ministre, député, président de l'Association vosgienne, a prononcé les paroles suivantes :

L'ASSOCIATION a perdu M. Félix Aubry, un de ses fondateurs et un des membres dont elle était le plus justement fière. M. Félix Aubry occupait dans le monde des grandes affaires à Paris, où brillent tant d'hommes remarquables, une place de premier ordre. Il ne la devait pas seulement à sa grande intelligence, à la justesse de son jugement et à la sûreté de son coup d'œil, il la devait surtout à sa haute probité et à la délicatesse de sa conscience; aussi avait-il obtenu du suffrage de ses pairs tous les témoignages de confiance qui peuvent honorer la vie d'un homme de sa valeur : il avait été successivement membre du Tribunal de commerce et de la Chambre de commerce, membre de la Commission des valeurs en douane, organisateur et membre du jury de nos différentes Expositions.

« A côté de l'homme public, nous avons connu un autre homme, le Vosgien profondément attaché à son département et à ses compatriotes, accessible à tous et toujours prêt à rendre service. A toutes ces qualités, il faut ajouter une grande largeur de vues et un esprit de tolérance qui ne s'est jamais démenti. »

Dans une séance du Conseil municipal, le 26 décembre 1890, le maire de Meudon[1] *a prononcé quelques paroles de souvenir et de regret, à l'occasion de la mort de M. Aubry, l'un de ses prédécesseurs. Ces paroles, accueillies par l'approbation unanime de ses collègues, ont été insérées au registre des délibérations du Conseil :*

IL y a quelques jours, dit-il, les habitants de Meudon ont conduit à sa dernière demeure un ancien maire de notre chère commune, le très respecté M. Félix Aubry.

Je remplis un pieux devoir en rappelant les principaux actes de l'administration de M. Aubry et en évoquant, pour rendre hommage à sa mémoire, le souvenir des circonstances difficiles et même douloureuses au cours desquelles il prit la mairie.

. . . .

M. Félix Aubry, qui avait été élu conseiller municipal en 1870, accepta, en septembre 1871, les fonctions de

1. M. Lecorbeiller.

maire. C'était une lourde charge qui venait s'ajouter à ses occupations. Mais M. Aubry, avec son grand cœur, comprit que ce n'était pas le moment de fuir les responsabilités. Il se dévoua. Ce surcroît de travail, faut-il le dire, lui permit de s'abstraire par moments de l'immense douleur que lui avait causée la mort de son fils aîné, jeune officier d'artillerie blessé, amputé et mort pour la patrie.

L'élection de M. Aubry, qui avait été le résultat du libre choix du Conseil municipal, fut ratifiée plus tard par l'autorité supérieure. M. Aubry attacha une grande considération à cette double investiture, qui, d'une part, lui prouvait la confiance de ses concitoyens, et, d'autre part, donnait plus de force au représentant du pouvoir central.

Quand M. Aubry arriva, la caisse était vide. Il fallait faire flèche de tout bois. En trois jours, par un triomphe inouï d'activité, il put obtenir du Conseil municipal, du Conseil général, de l'Assemblée nationale et du Pouvoir exécutif une loi autorisant une surtaxe sur l'alcool.

. . . .

(*Suit l'énumération de divers actes de l'administration de M. Aubry, qui présentent, au point de vue local, un intérêt tout particulier.*)

— Comme le fait un bon père, M. Aubry a puisé dans ces difficultés mêmes la force qui lui a permis de les surmonter.

Meudon, qui a prouvé à l'occasion d'une mort récente combien il savait se souvenir des services rendus, sera longtemps reconnaissant à M. Aubry de l'avoir aidé et servi aux heures difficiles.

Je donne ce dernier témoignage de gratitude à celui qui fut maire de Meudon, au nom de mes concitoyens et au nom des pauvres...

Paris. — L.-Imp. réunies, 7, rue Saint-Benoît.

www.ingramcontent.com/pod-product-compliance
Ingram Content Group UK Ltd.
Pitfield, Milton Keynes, MK11 3LW, UK
UKHW022002260726
13994UKWH00004B/1913

9 782329 432731